Editorial

Liebe Leserinnen und Leser,

ich blicke auf die Zahl 125, und mit einem ersten Lächeln denke ich an 5 x 5 x 5. Nein, so zahlenspielerisch kann man dem SOMMERGRAS natürlich nicht gerecht werden! Also schaue ich im Regal nach und beginne diese und jene Ausgabe durchzublättern, einzelne Beiträge nehmen mich gefangen, Erinnerungen werden wach, und dann zähle ich zusammen: 124 SG-Ausgaben ergeben 7.306 Seiten! Jetzt bin ich doch für einen Moment überrascht und still – und dann keimt Stolz auf: Es ist eine wirklich stattliche, eine beeindruckende Seitenzahl, mit der wir, die gesamte DHG, das Haiku in die Welt getragen haben! Und ich bin mir sicher, manch lesenswerter Beitrag blieb ungeschrieben. Leider, möchte ich hinzufügen. Dabei bin ich überzeugt, dass in Ihren gedanklichen Schubladen Berichte (immer wieder habe ich erfahren, wie aktiv manche Mitglieder sind) ein Leserbrief oder eine Rezension abrufbereit schlummern.

Jeder Beitrag ist ein Stückchen Vielfalt in der Haiku-Landschaft! An dieser Stelle möchte ich mich nun als Chefredakteurin verabschieden. Ja, Sie ahnen es, etwas Wehmut schwingt natürlich mit, denn es war immer auch ein bereicherndes und kreatives Miteinander in der Redaktion. Ich bin mir sicher, das SOMMERGRAS wird auch weiterhin vom Redaktionsteam wunderbar betreut und zusammengestellt werden! Ich freue mich schon auf die nächste Ausgabe, deren Inhalt ich dann nach über 10 Jahren zum ersten Mal als Leserin genießen werde.

Bleiben Sie dem SOMMERGRAS gewogen und bereichern Sie die vierteljährlichen Ausgaben auch weiterhin durch Ihre vielseitigen und kurzweiligen Beiträge!

Kommen Sie gut durch die hoffentlich angenehme Sommerzeit.

Mit einem herzlichen Lächeln grüßt Sie

Ihre Claudia Brefeld

> Bereit zum Schnappschuss –
> ein Falter landet auf
> dem Blusenknopf

3

Inhalt

Deutsche Haiku-Gesellschaft e.V.

Die Deutsche Haiku-Gesellschaft e.V.[1] unterstützt die Förderung und Verbreitung deutschsprachiger Lyrik in traditionellen japanischen Gattungen (Haiku, Tanka, Haibun, Haiga und Kettendichtungen) sowie die Vermittlung japanischer Kultur. Sie organisiert den Kontakt der deutschsprachigen Haiku-Dichter/-innen untereinander und pflegt Beziehungen zu entsprechenden Gesellschaften in anderen Ländern. Der Vorstand unterstützt mehrere Arbeits- und Freundeskreise in Deutschland sowie Österreich, die wiederum Mitglieder verschiedener Regionen betreuen und weiterbilden.

[1]Mitglied der Federation of International Poetry Associations (assoziiertes Mitglied der UNESCO), der Haiku International Association, Tokio, der Gesellschaft für zeitgenössische Lyrik e. V., Leipzig, Ehrenmitglied der Haiku Society of America, New York.

Anschrift
Deutsche Haiku-Gesellschaft e. V., z. Hd. Stefan Wolfschütz, Postfach 202548, 20218 Hamburg

Info/DHG-Kontakt und Redaktion
Vorstand:
Claudia Brefeld, Auf dem Backenberg 17, 44801 Bochum, Tel.: 0234/70 78 99, E-Mail: claudia.brefeld@dhg-vorstand.de

Redaktion
Eleonore Nickolay, 78, Avenue du Général Leclerc, F-77360 Vaires sur Marne, Tel.: 0033/160202350, E-Mail: eleonore.nickolay@dhg-vorstand.de

Kassenwartin
Petra Klingl, Wansdorfer Steig 17, 13587 Berlin, Tel.: 030/5618694, E-Mail: petra.klingl@dhg-vorstand.de

---
Peter Rudolf, Gartenweg 6, CH-4143 Dornach, Tel.: 0041/617021895, E-Mail: peter.rudolf@dhg-vorstand.de

Website
Stefan Wolfschütz, Curschmannstraße 37, 20251 Hamburg, Tel.: 040/477965, E-Mail: stefan.wolfschuetz@dhg-vorstand.de

Internationale Kontakte
Klaus-Dieter Wirth, Rahserstraße 33, 41747 Viersen, Tel.: 02162/12243, E-Mail: kd.wirth@dhg-vorstand.de

Redaktion
Sowie:
Horst-Oliver Buchholz, Thomas Opfermann, E-Mail: redaktion@deutschehaikugesellschaft.de

Öffentlichkeitsarbeit
Dr. Beate Wirth-Ortmann, E-Mail: drw-o.haiku@t-online.de

Bankverbindung:
Landessparkasse zu Oldenburg, BLZ 280 501 00, Kto.-Nr. 070 450 085 (BIC: SLZODE22XXX IBAN: DE97 2805 0100 0070 4500 85)

Bibliografische Information der Deutschen Nationalbibliothek:
Die Deutsche Nationalbibliothek verzeichnet diese Publikation in der Deutschen
Nationalbibliografie; detaillierte bibliografische Daten sind im Internet über
dnb.dnb.de abrufbar.

©2019 Deutsche Haiku-Gesellschaft
Herstellung und Verlag: BoD –
Books on Demand, Norderstedt
ISBN 978-3-734795-85-5

dem Himmel

die Zunge rausstrecken ...

Mairegen

Haiku: Claudia Brefeld, Foto: Paul Bernhard

Weiterdichten

Auswahl

Unterstollen für ein Tan-Renga (SG 125)

Ein Haiku mit einem Unterstollen zu ergänzen, damit so ein Tan-Renga entsteht – darum hatten wir Sie im vorangegangenen Heft gebeten. Dazu hatte Claudia Brefeld diesen Oberstollen

> Sonnenwärme
> rings um den Fuchsbau
> aufstäubendes Gelb

gedichtet. Leider hatte sich in Vers eins ein kleiner Fehler ins Heft geschlichen, sodass es dort

> Sommerwärme
> rings um den Fuchsbau
> aufstäubendes Gelb

hieß. Auf diese Fassung beziehen sich nun also die Weiterdichtungen. 23 Autoren haben Unterstollen eingereicht. Vielen Dank. Alle Einsendungen wurden anonymisiert, bei eigenen Einreichungen haben sich die Jurymitglieder der Diskussion und Wertung enthalten. Am Ende bekam die Weiterdichtung von Gabriele Hartmann die meisten Punkte.

> Sommerwärme
> rings um den Fuchsbau
> aufstäubendes Gelb
>
> legt sich wieder – der Wunsch
> an Vaters Hand zu gehen
> **Claudia Brefeld / Gabriele Hartmann**

Ein bemerkenswerter Unterstollen, der den Versen eine neue Richtung gibt, ohne den gemeinsamen Weg zu verlassen. Der Naturszenerie des

Oberstollens wird eine sehr private, höchst persönliche gegenübergestellt. Der Vater, so dürfen wir annehmen, ist offenbar verstorben, jedenfalls nicht mehr physisch nahe. Ganz anders der Wunsch nach seiner Nähe, der bleibt, der Wunsch nach Halt und Orientierung („an Vaters Hand zu ge-hen"), die Trauer über den Verlust ist nicht überwunden. Aber da ist auch die Gewissheit oder die Erfahrung von Trost: „legt sich wieder". Ruhe ist möglich, innerer Frieden. Das ist an sich schon sehr gut. Im Kontext zum Oberstollen ist es meisterhaft. Dort ist vom Fuchsbau die Rede, der eben-falls – hier für das Tier – ein Zufluchtsort ist, eine Art Zuhause. Doch etwas ist aus der Ordnung geraten, wie beim Unterstollen. Das „aufstäu-bende Gelb" signalisiert Unruhe, Flucht vielleicht oder eine Jagd. So ergibt sich ein beziehungsreiches Geflecht zwischen den Versen von Ober- und Unterstollen, das auf kleinem Sprachraum große Wirkung hat, auch Tiefe. Gut gemacht.

Kommentiert von Horst-Oliver Buchholz

Außerdem präsentieren wir noch eine Auswahl von Tan-Renga, die die Jury mehrheitlich als gut gelungen angesehen hat.

Sommerwärme
rings um den Fuchsbau
aufstäubendes Gelb

zur Ruhe kommen
im Duft einer Nacht
Kerstin Ambach

Sommerwärme
rings um den Fuchsbau
aufstäubendes Gelb

im letzten Büchsenlicht
das Fell der Fähe
Wolfgang Beutke

Sommerwärme
rings um den Fuchsbau
aufstäubendes Gelb

unsere späte Rast
nah der Kiefernwurzel
Horst-Oliver Buchholz

Sommerwärme
rings um den Fuchsbau
aufstäubendes Gelb

Den Pfad hinab ins Dunkel
bedeckt vertrocknetes Laub
Deborah Karl-Brandt

Sommerwärme
rings um den Fuchsbau
aufstäubendes Gelb

aus dem Sand gegraben
zwei Kinderbackförmchen

Silvia Kempen

Sommerwärme
rings um den Fuchsbau
aufstäubendes Gelb

oben auf weiten Schwingen
schwebt spähend der Räuber

Hildgund Sell

Sommerwärme
rings um den Fuchsbau
aufstäubendes Gelb

auf der Picknickdecke
Ameisen

Birgit Wendling

Sommerwärme
rings um den Fuchsbau
aufstäubendes Gelb

im leeren Kinderzimmer
spielen die Schatten

Eleonore Nickolay

Sommerwärme
rings um den Fuchsbau
aufstäubendes Gelb

Welpenglück – sich so
durch die Sonne zu balgen

Janina Weidholz

Sommerwärme
rings um den Fuchsbau
aufstäubendes Gelb

Welpen jagen im Raps
einen Sonnenstrahl

Dagmar Westphal

Aufruf

Ergänzen Sie ein Haiku zu diesem Sumi-e!

Sumi-e haben als besondere Maltechnik eine lange Tradition in Japan. „Sumi" bedeutet schwarze Tusche, die aus Ruß hergestellt wird. Seit vielen Jahren arbeitet Ramona Linke mit dieser Technik und hat der Redaktion eines ihrer Bilder zur Verfügung gestellt. Lassen Sie sich inspirieren von Formen und Linien und dichten Sie ein Haiku zum Bild. In der kommenden Ausgabe werden wir besonders gelungene Haiku vorstellen.
Hier das Sumi-e „Heimwärts" von Ramona:

Einsendungen bis zum 15. Juli
an
redaktion@deutschehaikugesellschaft.de
Stichwort: Haiku zum Sumi-e

Dieser SOMMERGRAS-Beitrag sowie alle Einsendungen sind auf unserer DHG-Website nachzulesen!
Über Meinungen und Gedanken für die nächste SOMMERGRAS-Ausgabe würden wir uns sehr freuen. Was meinen Sie? Was gefällt Ihnen besonders – und warum?

Haiku-Kaleidoskop

Klaus-Dieter Wirth

Grundbausteine des Haiku (XXXVI)
dargestellt an ausgewählten Beispielen

Doppelbezug

Die pointierteste Form des Doppelbezugs ist der sogenannte Chiasmus [1], „die symmetrische Überkreuzstellung von syntaktisch oder bedeutungsmäßig einander entsprechenden Satzgliedern, meist als spiegelbildliche Anordnung (Flügelstellung) von Subjekt und Prädikat oder Substantiv und Adjektiv in zwei gleichgebauten Sätzen in der Folge: a+b : b+a oder in zwei parallelen Stufen: a+b : a+b. Beispiel: ‚Die Kunst ist lang und kurz ist unser Leben.' (Goethes Faust 558f.). Der Chiasmus dient oft zur Verdeutlichung einer Antithese."[2] Eine verwandte rhetorische Figur der Worteinsparung ist das Zeugma,[3] die „Verbindung eines Prädikats mit mehreren Objekten, von denen jedoch nur eines sinngemäß passt, z. B. ‚Er nahm Abschied und seinen Hut'."[4]

Auf das Haiku angewendet ergibt sich hier das stets willkommene Mittel der Kürzung, indem nur ein Bezugspunkt gleich für zwei Phänomene gilt. Zugleich mag daraus gleichsam fächerförmig eine Öffnung erfolgen, die ja genauso erwünscht ist. Schließlich kann die Doppelung die Funktion eines Nachdrucks[5] einnehmen. Jedenfalls ist der Doppelbezug seit eh und je nicht nur im japanischen Mutterland, sondern auch in der übrigen Haiku-Welt ein strukturelles Verfahren, auf das man gerne zurückgreift.

---

[1] Aus griech. *chiasmos* = Gestalt eines Chi, das dem X des lateinischen Alphabets entspricht
[2] von Wilpert, Gero: *Sachwörterbuch der Literatur*, Stuttgart (Kröner Verlag) [7]1989, S. 146
[3] Griech. „Zusammengefügtes, Fessel, Joch"
[4] Best, Otto F.: *Handbuch literarischer Fachbegriffe*, Frankfurt a. M. (Fischer) 1973, S. 117
[5] Vgl. Haiku-Grundbaustein XXXI

Para el mosquito
también la noche es larga,
larga y sola[6]

    Kobayashi Issa (JP)

hototogisu
naku ya hibari to
jûmonji

    Mukai Kyorai (JP)

endlessly stirring
autumn ennui
and coffee

    Mivjiko Murai[7] (JP)

in the blue sky
on the blue lake
snow-capped Mt. Fuji

    Hiromi Yoshida (JP/US)

Gänse ziehen
wir teilen unsere Träume
mit dem Wind

    Simone K. Busch (DE)

mit ihrem fächer
hat sie wenig luft bewegt
aber meinen blick

    Bernhard Haupeltshofer (DE)

Auch für die Mücke
ist die Nacht lang,
lang und einsam

Der Kuckuck ruft –
mit der Lerche zusammen
tönt es über Kreuz

    (Übers. v. Ekkehard May)

endloses Umrühren
der Herbstlangeweile
und des Kaffees

im blauen Himmel
im blauen See
schneebedeckt der Fudschi

Vermintes Land –
auch ihre Puppe
hat nur ein Bein

    Andrea D'Alessandro (DE)

Museumsselfie
Porträts zweier Mädchen
mit Perlenring

    Birgit Lockheimer (DE)

---

[6] Übersetzung von Juan Manuel Cuartas Restrepo
[7] Siehe Fußnote 4

Schnee fällt
beim Sprung des Eichhörnchens
fällt Schnee
    Ruth Karoline Mieger (DE)

im Bach
ein Kinderdrachen
treibt durch die Wolken
    Lydia Royen Damhave (DK)

volle jachthaven
meeuwen en toeristen
lekkerbekjes
    Ineke d'Achard van Enchut (NL)

voller Yachthafen
Möwen und Touristen
lekkerbekjes[8]

in de volle bus
zoeken naar een zitplaats
en hoffelijkheid
    Ferre Denis (BE)

im vollen Bus
suchen nach einem Sitzplatz
und Zuvorkommenheit

de man en zijn hond,
beide niet meer goed ter been,
laten elkaar uit
    Ida Gorter (NL)

der Mann und sein Hund,
beide nicht mehr gut zu Fuß,
führen einander aus

De ganzen zingen
hoger dan ze zijn te zien
zingen de ganzen
    Johanna Kruit (NL)

Die Gänse singen
höher als sie zu sehen sind
singen die Gänse

gespannen buigend
naar de waterspiegel
hengel en visser
    Marc May (NL)

sich gespannt runterbeugend
zum Wasserspiegel
Angel und Angler

---

[8] Gebackene Fischfilethäppchen

selling blood
to feed his family
and save another

    Namita Bose (IN)

the birds
sound the same
poor side of town

    Carlos Colón (US)

spring wind
lifting my spirits
and my skirt

    Vera Constantineau (CA)

sharing an umbrella
your wet left shoulder
my right one

    Angelee Deodhar (IN)

his side of it.
her side of it.
winter silence

    Lee Gurga (US)

underneath
the same moon
the ant and I

    Lori A Minor (US)

Ohio-Kentucky border
the same cornfield
on both sides

    Tiffany Shaw-Diaz (US)

sein Blut verkaufen
um die Familie zu ernähren
und eine andere zu retten

die Vögel
klingen gleich
im Armenviertel

Frühlingswind
hebt mein Gemüt
und meinen Rock

einen Schirm teilen
deine linke Schulter nass
meine rechte

sein Verhalten.
ihr Verhalten.
winterliches Schweigen

unter
demselben Mond
die Ameise und ich

Ohio-Kentucky-Grenze
dasselbe Maisfeld
auf beiden Seiten

longest night …
the taste of sea breeze
and her absence

    Paresh Tiwari (IN)

the gondolas
tourists photograph tourists
photographing them

    Charles Trumbull (US)

au long du chemin
le soleil mouillé de pluie
aussi l'escargot

    Brigitte Briatte (FR)

Dégel
Badinage des gouttières
et des mésanges

    Henri Chevignard (FR)

jasmin refleuri
sur son parfum mon regard
et un papillon

    Hélène Duc (FR)

à travers la vitre
j'observe le chat
qui m'observe

    Danièle Duteil (FR)

La jeune vendeuse
et ses derniers poissons
tout est bien frais

    Yann Reder (FR)

längste Nacht …
der Geschmack von Seewind
und ihrer Abwesenheit

Gondeln
Touristen fotografieren Touristen
die sie fotografieren

entlang des Wegs
die Sonne regennass
wie auch die Schnecke

Tauwetter
Getändel der Dachrinnen
und Meisen

Jasmin wieder erblüht
auf seinem Duft mein Blick
und ein Schmetterling

durch die Scheibe
beobachte ich die Katze
die mich beobachtet

Die junge Verkäuferin
und ihre letzten Fische
alles ist ganz frisch

Pottery artisan
shapes the jar
and the voidness*

    Abdelkader Jamoussi (MA)

* Übersetzer unbekannt

Töpfereikunsthandwerker
formt den Krug
und die Leere

pub chairs and
church pews
the same tree*

    Zdravko Karakehayov (BG)

* Übersetzer unbekannt

Gasthausstühle und
Kirchenbänke
derselbe Baum

Brisa de abril
meciendo al mismo tiempo
junco y libélula

    Maramín* (ES)

* Pseudonym von Marcos Andrés Minguell

Brise im April
sie wiegen sich gleichzeitig
die Binse und Libelle

two enemies
under the same dandelions
returning to nature*

    Živko Prodanović (HR)

* Übersetzt von Đurđa Vukelić-Rožić

zwei Feinde
unter denselben Pusteblumen
zurück zur Natur

a shell in my hand —
keeping the sun's heat
and the sound of waves*

    Ljiljana Prošić (RS)

* Übersetzer unbekannt

eine Muschel in meiner Hand
bewahrt die Sonnenhitze
wie das Wellenrauschen

Under the house eaves
Sparrows and icicles
Waiting for the sun*

    Milka Stefanović (RS)

* Übersetzer unbekannt

Unter der Dachtraufe
Spatzen und Eiszapfen
Warten auf Sonne

Eleonore Nickolay

Die Französische Ecke

Im Focus der 63. Ausgabe von Gong, der Zeitschrift der Frankofonen Haiku-Gesellschaft, steht das Foto-Haiku, „le photo-haïku". Der Begriff „Haiga", der inzwischen im englisch- wie im deutschsprachigen Raum jedwede Kombination von Haiku mit bildnerischer Gestaltung umschreibt, hat sich in Frankreich nicht durchgesetzt und bleibt dem gezeichneten bzw. gemalten Bild vorbehalten. Dafür ist neben dem Begriff „le photo-haïku" die Bezeichnung „haïsha" gebräuchlich, die nach meinen Recherchen zum ersten Mal 2004 in Gong Nummer 5 in einem Artikel von Dominique Chipot auftaucht. Soweit zur Terminologie, nun zum Genre selbst. Wer im Internet nach französischen Foto-Haiku Ausschau hält, wird in Blogs und in Facebook-Gruppen fündig. Seiten wie Haiku heute, Haiga im Focus, Daily Haiga und bis vor kurzem noch Haiku Masters, die eine Foto-Haiku-Auswahl vornehmen, sucht man im französischen Internet vergebens. Um das Genre zu fördern und einem breiteren Publikum zugänglich zu machen, lancierte die Frankofone Haiku-Gesellschaft im Mai 2019 ihren ersten Foto-Haiku-Wettbewerb und wird die Auswahl im Juni auf ihrem Internet-Portal präsentieren. In der vorliegenden Ausgabe des Gong stellen sich sieben Foto-Haiku-Künstler mit je einem Bild vor und geben Einblick in ihre Arbeitsweise. Leider wird Gong nur in schwarz-weiß gedruckt. Hier eins der abgebildeten Foto-Haiku, für Sommergras in Farbe:

Radio-Wecker
die Stunde der Nachrichten
meine Träume sind mir lieber

Patrick Fetu

16

Passend zum theoretischen Teil der Zeitschrift stand die Haiku-Auswahl unter dem Thema „Foto":

photo de noces –
la gamine qui se marie
est ma grand-mère

    Bikko

Hochzeitsfoto –
das Mädchen, das heiratet,
ist meine Großmutter

réglant le zoom
sous mon objectif
l'odeur des iris

    Hélène Duc

beim Zoomen
unter meinem Objektiv
der Duft der Schwertlilien

orage estival
le ciel photographie
les collines

    Delphine Eissen

Sommergewitter
der Himmel fotografiert
die Hügel

bésace à l'épaule
où s'en va-t-il
l'homme immobile?

    Isabelle Freihuber-Ypsilantis

Beutel auf der Schulter
wohin geht er fort
der bewegungslose Mann?

paysage de givre –
plus d'espace mémoire
dans l'appareil

    Damien Gabriels

Raureif-Landschaft
kein Speicherplatz mehr
im Apparat

Séparés –
sur cette vielle photo
ils s'embrassent encore

    Michèle Harmand

Getrennt –
auf dem alten Foto
küssen sie sich noch

tour du monde –
de selfie
en selfie

    Alain Henry

Weltreise –
von Selfie
zu Selfie

photo de jeunesse
tout ce qu'il ne sait pas
d'elle

    Jacques Quach

photo jaunie –
sous la poussière s'estompent
les chagrins

    Christiane Ranieri

Jugendfoto –
alles, was er nicht weiß
von ihr

vergilbtes Foto
unter dem Staub vergeht
der Kummer

Haiku und Foto: Eleonore Nickolay

Claudia Brefeld

Michael Dylan Welch

Michael Dylan Welch wurde 1962 in Watford, England, geboren und wuchs in England, Ghana, Australien und Kanada auf. Er ist britischer Staatsbürger, als Teenager bekam er zusätzlich die kanadische Staatsbürgerschaft. Er reist häufig nach Japan, zusammen mit seiner japanischen Frau, und lebt jetzt mit ihr und seinen beiden Kindern in Sammamish, Washington. Seine Interessen – natürlich neben Haiku und verwandten Formen – sind Reisen, Fotografieren, Bücher und Lesen, Gitarrensoli, Skifahren und Racquetball.

Seit 1976 beschäftigt er sich mit Haiku und verwandten Gedichten, wobei er – wie er selbst sagt – zu Beginn schlechte Haiku (sogar mit Überschriften) schrieb, bevor er 1988 das literarische Haiku für sich entdeckte. Seit dem Zeitpunkt sammelt er Haiku-Literatur (sein Bestand beläuft sich auf inzwischen Tausende von Büchern) und ist verschiedenen Haiku-Gruppen beigetreten, in denen er unterschiedliche Funktionen ausübte. So ist er Mitbegründer der Haiku North America Conference (1991), des American Haiku Archives (1996) und Gründer der Tanka Society of America (2000), wo er fünf Jahre Präsident war. Von 2009 bis 2013 war er außerdem Vizepräsident der Haiku Society of America (HSA). Er begann Haiku zu unterrichten und hat Hunderte von Aufsätzen und Rezensionen über Haiku geschrieben. Außerdem war er Herausgeber von Woodnotes (1989–1997) und Tundra: The Journal of Short Poem (1997–2001). Er gründete 1989 sein Haiku-Verlagsprojekt Press Here, 2008 die nun jährlich stattfindenden Treffen Seabeck Haiku Getaway (zusammen mit Alice Frampton) und 2010 die Website National Haiku Writing Month (www.nahaiwrimo.com).

Seit 2009 betreibt und erweitert Michael seine umfangreiche persönliche Website www.graceguts.com, die sich hauptsächlich mit Haiku befasst.

Seine Haiku-Recherchen brachte er mit dem Studium der längeren Poesie in Einklang, indem er 1989 seinen Magister in englischer Sprache machte und später von 2013–2014 als Poet Laureate (vom Staat besonders ausgezeichneter Dichter) von Redmond, Washington, tätig war. Im Laufe der Jahre gewann Michael den ersten Preis bei zahlreichen Wettbewerben für Haiku und verwandte Lyrik, bearbeitete und schrieb Dutzende Gedichtbücher und sprach auf vielen literarischen Konferenzen. Michaels eigene Haiku und längere Gedichte sind in Hunderten von Zeitschriften und Anthologien in mindestens zwanzig Sprachen erschienen.

Zu seinen Büchern gehören unter anderem:
— *True Color* (eine Sammlung von Solo-Rengay),
— *Here, There und Everywhere* (eine Anthologie für längere Gedichte),
— verschiedene Haiku North America-Konferenz-Anthologien,
— *With Cherries on Top*: 31 Flavors von NaHaiWriMo (ein kostenloses PDF-Buch mit seinem Fotografien und Gedichten von NaHaiWriMo-Mitwirkenden),
— *Fifty-Seven Damn Good Haiku* by a Bunch of Our Friends (zusammen mit Alan Summers herausgegeben)
— mehrere Kunstbücher von PIE Books in Tokyo mit Übersetzungen aus dem Japanischen (mit Emiko Miyashita), darunter
— *100 Poets: Passions of the Imperial Court* (eine Übersetzung der Waka-Sammlung Ogura Hyakunin Isshu aus dem 13. Jahrhundert, aus der 2012 ein Gedicht auf der Rückseite von 150.000.000 US-amerikanischen Briefmarken gedruckt wurde).

Im Jahr 2000 ließ er in Neuseeland eines seiner Haiku in Stein gravieren. Michael sagt über sich:

„Ich hatte schon immer einen Sinn für Poesie. Vielleicht hat es ja auch etwas damit zu tun, nach Dylan Thomas benannt zu sein! An der Universität studierte ich Kommunikationswissenschaften/Medien und Englisch und erhielt 1989 einen MA in Englisch. Ich konzentrierte mich auf Poesie und Fiktion des 20. Jahrhunderts und schrieb meine Abschlussarbeit über Anthony Burgess und seinen Sinn für das Spiel mit Worten – ähnlich dem Sinn, der auch ein wenig das Haiku durchdringt.

Mein Weg zum Haiku begann in einer Englischunterrichtsstunde an der Highschool, in der George Goodburn Haiku als siebzehnsilbiges Naturgedicht vorstellte. Jahrelang verfasste ich eher schlechte Haiku. Erst ungefähr ein Jahrzehnt später kaufte ich mein erstes Haiku-Buch in einer japanischen Buchhandlung in der Nähe der St. Pauls Cathedral in London. Es war eine Sammlung von Bashōs Haiku, übersetzt von Lucien Stryk. Kurz danach kaufte ich jedes Haiku-Buch, das ich finden konnte. Als ich Cor van den Heuvels The Haiku Anthology begegnete, änderte sich meine Haiku-Wahrnehmung radikal, vor allem dank der Arbeit von Marlene Mountain. Von da an bedeutete Haiku schreiben für mich, Worte nicht mehr in eine beliebige Durchschnittsform zu pressen. Die Gedichte in Cors Sammlung zeigten mir vielmehr den Wert des Inhalts. In diesen Gedichten passierte etwas anderes, und ihre Magie faszinierte mich. Über Cors Buch kam ich in Kontakt mit der Haiku Society of America und der Zeitschrift Frogpond sowie mit Robert Spiess' Modern Haiku. (Weitere Details auf: http://www.graceguts.com/essays/finding-my-way-to-haiku)

Haiku und Fotografie haben viel gemeinsam. Denn nicht nur Haiku sind oft objektiv, bildbasiert und fangen einen Moment ein – für Fotos gilt dies gleichermaßen. Viele der besten Fotografien sind wegen des Kontrastes, der Nebeneinanderstellung, der Farbe, der subtilen Nuancen oder der verschiedenen Kompositionstechniken so erfolgreich. So auch Haiku. Zur Fotografie kam ich über die Fotos meines Vaters von seinen Reisen um die Welt. Später habe ich an mehreren Jahrbüchern in der High School mitgearbeitet und hatte Glück, dass ich damals eine Kamera meines Vaters hatte. Nach ein paar Jahren entdeckte ich, dass Schwarz-Weiß-Dunkelkammerarbeit nicht meine Sache war und beschloss, mich auf Farbdias zu konzentrieren.

Ich habe seit 1976 Freude daran, Haiku-Gedichte zu schreiben. Das Genre offenbart mir noch immer seine vielen verborgenen Gesichter und erweitert bis heute meinen Horizont. Während ich mehr über seinen japanischen Ursprung, seine Geschichte und aktuellen Entwicklungen sowie über seine weltweiten Veränderungen und Anpassungen erfahre, lerne ich etwas über das Herz der Menschheit selbst. Haiku ist ein Fenster in uns."

after the quake　　　　　　　nach dem Beben
　the weathervane　　　　　　die Wetterfahne
　　pointing to earth　　　　　　zeigt zur Erde

meteor shower …
a gentle wave
wets our sandals

tulip festival –
the colours of all the cars
in the parking lot

home for Christmas:
my childhood desk drawer
empty

spring breeze –
the pull of her hand
as we near the pet store

first snow …
the children's hangers
clatter in the closet

first star –
a seashell held
to my baby's ear

Meteorschauer …
eine sanfte Welle
durchnässt unsere Sandalen

Tulpenfest –
die Farben all der Autos
auf dem Parkplatz

Weihnachten zu Hause:
Meine Kinderschreibtischschublade
leer

Frühlingsbrise –
das Ziehen ihrer Hand
in der Nähe der Zoohandlung

erster Schnee …
die Kleiderbügel der Kinder
klappern im Schrank

erster Stern –
eine Muschel an das Ohr
meines Babys gehalten

Michael Dylan Welch

Das Territorium des Haiku

Ins Deutsche übersetzt von Claudia Brefeld

Tundra

Cor van den Heuvel veröffentlichte sein vielleicht berühmtestes Gedicht zuerst in „The Window-Washer´s Pail" (Chant Press, New York, 1963). Er nahm es außerdem in die Doubleday-Ausgabe von 1974 seines Buches „The Haiku Anthology" auf und dann 1986 in die zweite Auflage des „Fireside". Aufgrund der Tatsache, dass es sich in jeder Anthologie befand, diente die Aufnahme dieses Gedichts zur Erklärung dafür, dass das Gedicht tatsächlich ein Haiku ist. Diese Behauptung hat eine Debatte darüber ausgelöst, ob es sich wirklich um ein Haiku handelt oder nicht, und sie hat die Haiku-Gemeinschaft und ihre Mitglieder, sowohl gemeinsam als auch individuell, sehr damit beschäftigt, abzuwägen, was genau ein Haiku ist. Die meisten Haiku-Dichter mit einem Gespür für die Geschichte des Genres befinden sich entweder auf der einen oder anderen Seite der Debatte. Wenn es ein Haiku ist, dann nach meinem Gefühl wegen des Raumes drum herum – seiner Umgebung.

Um dieses Gedicht am besten zu erfassen, sollte man es in die Mitte einer ansonsten leeren Seite platzieren. So wird der Raum um das Gedicht selbst zu einem *Teil* des Gedichts und suggeriert Ausdehnung und offen-sichtliche Kargheit, eine baumlose Weite im Norden, die – so scheint es – nur von einem einzigen Felsblock inmitten kilometerweiten Schnees un-terbrochen wird. Wenn ein Haiku zum Teil durch seinen intuitiven Au-genblick definiert wird, dann liegt hier der Aha!-Moment in der Erkennt-nis, dass der Dichter mit „Tundra" nicht nur ein einzelnes Wort meint, sondern auch die Seite, auf der es gedruckt steht, und die Verwirklichung der Beziehung zwischen dem Wort, das wie ein Fels wirkt, und dem Schnee, der ihn umgibt. In der Tat, wenn die Seite weiß ist, denken wir an Schnee und an die endlose Leere der Tundra. Und so erleben wir die Tun-dra selbst.

Aber es ist mehr als nur das mögliche Bild eines Felsblocks inmitten von Schnee. Wenn sich ein Haiku traditionell auf eine Jahreszeit bezieht, ist dann dieses Gedicht ebenfalls jahreszeitenbezogen? Ich würde vor-schlagen, dass dies der Fall ist – insbesondere, wenn wir das Wort „Tun-dra" so interpretieren, dass es einem Felsen gleicht, der im Frühjahr aus dem schmelzenden Schnee auftaucht. Und wie jeder Botaniker Ihnen sa-gen wird, ist die Tundra alles andere als karg. Vielmehr wimmelt sie vor Leben, aber auf einer kleineren und ruhigeren Ebene. Dieses Andeuten der Dinge, dieser implizierende Raum („ma", wie die Japaner es nennen), diese Würdigung des Kleinen inmitten der Weite, ist der Grund, weshalb ich dieses Gedicht als Haiku schätze – und warum ich meine Zeitschrift für Kurzdichtung „Tundra" genannt habe. Wenn wir das Wort als einen Felsen begreifen, der im Frühjahr aus dem Schnee auftaucht, nehmen wir auch an einem Moment der Erfahrung teil. Es ist nicht nur ein Moment, in dem wir die Rolle erkennen, die das Wort auf der Seite spielt, sondern es ist auch das Erkennen des Moments, in dem der Fels erstmals durch den Schnee erscheint, wenn die Sonne mit genügend Wärme zum ersten Mal den Felsen erreicht und das Eis zum Schmelzen bringt. Das Gedicht ist nicht so weit vom traditionellen Haiku entfernt, wie manche Betrachter vielleicht meinen.

Außerdem, wenn ein Haiku normalerweise aus zwei nebeneinanderge-stellten Teilen besteht, verwendet „Tundra" dann auch eine solche Juxta-position? Das Wort hebt sich stark von der weißen Seite ab, so wie der

24

Fels, den es symbolisieren könnte, aus dem Schnee heraussticht. Wenn der Schnee schmilzt, sehen wir auch den Kontrast zwischen dem, was sich ändert und dem, was sich nicht ändert. Wir sehen das Ewige inmitten des Vergänglichen und können dennoch auch den Schluss ziehen, dass selbst der Fels in einer universellen und unendlichen Dimension flüchtig ist. Selbst wenn diese Haiku-Merkmale in der Komposition des Gedichts nicht beabsichtigt waren, sind sie trotzdem darin zu finden – Merkmale, die dem Gedicht Kraft verleihen. Wenn ein Haiku ein „unvollendetes" Gedicht ist, wie Ogiwara Seisensui gesagt hat, verpflichtet es gewissenhafte Leser, sich auf jede intuitive oder denkbare Weise mit dem Gedicht auseinanderzusetzen. Nur sehr wenige Wörter, die auf einer leeren Seite platziert werden, können genauso effektiv funktionieren wie dieses – tatsächlich scheitern die meisten vollständig –, aber dieses spezielle Wort beinhaltet eine Menge für diejenigen, die ihm die Gelegenheit dazu geben.

Tatsächlich haben einige Dichter Cors Gedicht nachgeahmt oder kritisiert, indem sie meinten, dass, wenn „Tundra" als Haiku angesehen wird, warum kann dann nicht jedes x-beliebige Wort, das in der Mitte einer Seite steht, ein Haiku sein? Diese Haltung deutet auf ein Missverständnis von Cors Gedicht hin, wo der Raum um das Wort herum Teil des Gedichts ist und wo dieser Raum etwas Besonderes ist, zumindest für den Leser. Die meisten Wörter, die in die Mitte einer sonst leeren Seite platziert werden, funktionieren nicht. Die vielleicht erfolgreichsten Versuche waren die Wörter „oasis"/Oase und „shark"/Hai. Das Wesen des Wortes „Oase", wie eine Oase inmitten einer kargen Wüste zu wirken, mag zu eindeutig sein. Ein „Hai" in der Mitte eines leeren Ozeans deutet auf Gefahr hin, da es sich um ein Raubtier handelt, aber einem solchen Gedicht scheint die hilfreiche Mehrdeutigkeit und Offenheit der „Tundra" zu fehlen. Ich selbst habe das Wort „fog"/Nebel (mit und ohne Semikolon danach) ausprobiert, aber auch das kann zu offensichtlich sein, wenn man davon ausgeht, dass die weiße Seite Nebel darstellt. Ich glaube auch, dass „sakura"/Kirschblüte auf ähnliche Weise in Japan angeboten wurde, was die kulturelle Verbreitung dieser Darstellung im japanischen Haiku unterstreicht. Man kann jedoch nicht jedes Wort auf die gleiche Weise wie „Tundra" behandeln und erwarten, dass es funktioniert.

Horst Hammitzsch schreibt in seinem Buch „Zen in the Art of the Tea Ceremony" (erstmals 1958 in deutscher Sprache erschienen; New York: Arkana/Penguin, 1993; Übersetzung ins Englische von Peter Lemesurier, 1979): „Der weiße – ‚leere' – Raum in der [japanischen] Tuschmalerei, *yohaku*, steht symbolisch für ‚das, was unausgedrückt bleibt', diese ‚vollkommene Unvollkommenheit'. Und innerhalb dieser ‚Leere' verbirgt sich der ‚Nachhall', der in der japanischen Dichtung eine ebenso wichtige Rolle spielt. Was der Pinsel nicht malt, muss der ‚Eingeweihte' in seinem Herzen fühlen. Hier findet das Bild, das Gedicht oder das Blumenarrangement in der Teezeremonie seine Vollendung " (95). Hammitzsch fügt hinzu, dass Dōan, Rikyūs Sohn, „einst unter einem Bild den Titel ‚Fisch im klaren Wasser' schrieb. Aber das Bild zeigte nichts: Es war nur die Leere des weißen Papiers. Dies könnte als das ultimative Beispiel der Idee von der ‚Vollendung des Unvollständigen im Herzen' " angesehen werden (95). Wenn Haiku ein „wortloses" Gedicht ist, wie R. H. Blyth, D. T. Suzuki, Alan Watts und Eric Amann uns glauben machen wollen, dann verkörpert vielleicht ein Gemälde wie dieses die buchstäbliche Wortlosigkeit, zu der Cors „Tundra"-Gedicht tendiert. Tatsächlich erreicht das Gedicht „Tundra" sein Ziel aufgrund des *yohaku* oder des leeren Raums, der es umgibt, und was dieser Raum impliziert. In diesem Fall ist das „ma" oder der Raum des Gedichts nicht innerhalb des Gedichts, sondern um dieses herum. Aber wenn das Gedicht sich auf diesen Raum ausdehnt, ist dann nicht das „ma" am Ende doch in ihm?

Ich vermute, dass Cor van den Heuvel „Tundra" aus Nortons dritter Ausgabe von „The Haiku Anthology" (1999) entfernt hat, nicht, weil er seine Meinung darüber im Geringsten geändert hatte, sondern weil das Gedicht hinreichend zu Wort gekommen war und weil er vielleicht neuen Gedichten eine Chance geben wollte. Sein Einfluss hält jedoch bis heute an, und das Gedicht erscheint, wie es auch sein sollte, in „Haiku in English: The First Hundred Years" (New York: Norton, 2013) in einer Liste der wichtigsten oder einflussreichsten Haiku des letzten Jahrhunderts. Obwohl sich das Gedicht für einige Haiku-Dichter, vor allem Traditionalisten, an der Grenze des Haiku befinden mag (in einem Aufsatz bezeichnete Paul O. Williams es als „Wort" und nicht als „Haiku"), hat es eine wichtige Rolle bei der mitreißenden Diskussion über das Wesen und die Grenzen des Haiku gespielt – und das seit über fünfzig Jahren. Seine Hauptleistung liegt jedoch jenseits der Frage, ob es ein Haiku ist oder nicht, und seinem Erfolg als Naturgedicht. Vielmehr erinnert es uns nicht zuletzt daran, dass das Haiku keine separate und isolierte Gedichtform ist, losgelöst von anderen Textformen, sondern Teil eines zusammenhängenden Ganzen, und es erinnert uns daran, dass die Varianten des Haiku sich insgesamt weiterentwickeln.

Auf einer imaginären Haiku-Landkarte findet man weiter südlich des Bereiches, in dem Cors „Tundra" angesiedelt ist, eher „Mainstream"-Haiku mit offensichtlichen jahreszeitlichen Bezügen und Juxtapositionen sowie mit deutlich ausgearbeiteten Bildern. Und man findet auch, wenn auch nicht in direkter Nähe zu Cors Gedicht, Bereiche der konkreten und visuellen Poesie. Man findet Imagismus und Postmoderne, den „Tod des Autors" und andere Einflüsse, die hier eine Rolle spielen. Und weiter nördlich dürfte es noch unerforschte Möglichkeiten geben. Cor van den Heuvels einzigartiges Haiku „Tundra", ein im Herzen vollendetes Gedicht, ist Teil eines langen poetischen Gesprächs, eines weiten poetischen Territoriums.

*schreibt u. a. seit 1976 Haiku, ist Gründungsmitglied der „The Haiku Foundation" und Gründer der „Tanka Society of America" (war 5 Jahre lang Präsident)

Lesertexte

Ausgezeichnet
Zusammengestellt von Horst-Oliver Buchholz

Beim **8. Haiku Contest – SHARPENING THE GREEN PENCIL 2019**, organisiert von der rumänischen Kukai-Gruppe, haben 224 Teilnehmer aus sechs Kontinenten und 41 Ländern Haiku eingereicht. Unter der Rubrik „COMMENDED" (lobend erwähnt) ist ein Haiku von Deborah Karl-Brandt erschienen.

First snow of the year	Erster Schnee im Jahr
The telephone starts	Schrill erklingt
to shrill	das Telefon

An der **27. Ausgabe des Indian Kukai** nahmen 80 Autoren teil. Thema dieses Kukai war Colours (Farben). Eleonore Nickloay belegte mit Ihrem Haiku den fünften Platz.

winter journey	Winterreise
the white fields	die weißen Felder
of memory	der Erinnerung

Wir gratulieren den Autorinnen!

Liebe Leserinnen und Leser, wenn auch Sie einen der vorderen Plätze bei einem Wettbewerb erreicht haben, sei es im Internet oder bei einer anderen Ausschreibung, dann lassen Sie es uns gerne wissen und schicken Sie uns Ihre Texte. In dieser Rubrik haben Sie Gelegenheit, Ihren ausgezeichneten Beitrag noch einmal an prominenter Stelle zu präsentieren. Das können Haiku sein oder Haiga, auch Tanka sind willkommen. Das gilt auch für fremdsprachige Texte, für die wir dann um eine autorisierte Übersetzung bitten.

Einsendungen bitte an:
redaktion@deutschehaikugesellschaft.de
Stichwort: Ausgezeichnet

Die Haiku- und Tanka-Auswahl Juni 2019

Es wurden insgesamt 229 Haiku von 79 Autoren und 36 Tanka von 21 Autoren für diese Auswahl eingereicht. Einsendeschluss war der 15. April 2019. Diese Texte wurden vor Beginn der Auswahl von mir anonymisiert. Jedes Mitglied der DHG hat die Möglichkeit, eine Einsendung zu benennen, die bei Nichtberücksichtigung durch die Jury auf einer eigenen Mitgliederseite veröffentlicht werden soll.

Eingereicht werden können **nur bisher unveröffentlichte Texte** (gilt auch für Veröffentlichungen in Blogs, Foren, sozialen Medien und Werkstätten etc.).

**Bei allen Lesertexten (inklusive Haiga)
bitte keine Simultan-Einsendungen!**

Bitte vorzugsweise **alle** Haiku/Tanka **gesammelt in einem Vorgang** in das Online-Formular auf der DHG- Webseite selbst eintragen:

deutschehaikugesellschaft.de/haiku-und-tanka-die-auswahl/

Ansonsten per Mail an:

auswahlen@deutschehaikugesellschaft.de

**Der nächste Einsendeschluss für die Haiku/Tanka-Auswahl ist
der 15. Juli 2019.**

Jeder Teilnehmer kann bis zu fünf Texte – davon drei Haiku – einreichen. Mit der Einsendung gibt der Autor das **Einverständnis für eine mögliche Veröffentlichung in der Agenda 2020 der DHG sowie auf** http://www.zugetextet.com/

Haiku-Auswahl der HTA

Die Jury bestand aus Gregor Graf, Ruth Karoline Mieger und Birgit Schaldach-Helmlechner. Die Mitglieder der Auswahlgruppe reichten keine eigenen Texte ein.

Alle ausgewählten Texte – 32 Haiku – werden in alphabetischer Reihenfolge der Autorennamen veröffentlicht. Es werden bis zu max. zwei Haiku pro Autor aufgenommen.

„Ein Haiku, das mich besonders anspricht" – unter diesem Motto besteht für jedes Jurymitglied die Möglichkeit, bis zu drei Texte auszusuchen (noch anonymisiert), hier vorzustellen und zu kommentieren.

Da die Jury sich aus wechselnden Teilnehmern zusammensetzen soll, möchte ich an dieser Stelle ganz herzlich alle interessierten DHG-Mitglieder einladen, als Jurymitglied bei kommenden Auswahl-Runden mitzuwirken.

Eleonore Nickolay

Ein Haiku, das mich besonders anspricht

öffnende knospen
die zarten hüllen
der stille

Helga Stania

Ein besonderes Gedicht, sowohl von der Form wie vom Inhalt her, das alle Elemente eines gelungenen Haiku enthält. Es ist kurz, offen, gegenwärtig, ein Hauch von Zen und ein Rätsel zugleich. Das Haiku lässt mich Stille förmlich fühlen.

Es ist Frühling, zarte Knospen öffnen sich allenthalben. In den Kirschblüten ist noch vom Weiß des Winters, und in jeder Blüte wird ein Wunder sichtbar. Lautlos geschieht es Jahr für Jahr, inmitten vom Lärm der Baumaschinen, von Autos und Flugzeugen, dem Klingeln der Handys,

Kindergeschrei, Radio und Fernsehen.

Überflutet von all den Reizen, denen wir täglich ausgesetzt sind, sehnen wir uns mehr und mehr nach Stille. Zeiten der Stille sind lebensnotwendig geworden.

Doch was ist Stille? Ein Ort ohne jedes Geräusch? Selbst in einem schallisolierten Raum gibt es noch das Geräusch des eigenen Atems. Das lautlose Wachsen des Apfelbaums? Mit hochempfindlichen Mikrofonen kann man das Zirkulieren der Säfte hörbar machen. Stille im Außen ist nicht möglich. Man kann sie nur im Innern finden, erfahren. Stille ist ein kostbares Gut, etwas Zartes, das leicht gestört wird.

Wie leicht lasse ich mich aus der Ruhe bringen, wenn ich mich gerade einmal in der Stille wähne. Durch einen Wasserhahn, der tropft? Tagsüber habe ich ihn gar nicht bemerkt. Nachts nervt er mich, und ich kann ich nicht schlafen deswegen.

Wie und wo kann ich Stille finden? Vielleicht auf einem Spaziergang im Wald, oder wenn ich auf einen Berg steige, um still zu werden wie der Berg? Vielleicht ziehe ich mich in ein Kloster zurück, übe mich im Sitzen und Atmen, lausche dem Fallen der Blätter im Herbst. In der Stille können sich die Sinne öffnen, ist vieles verborgen, was sich entfalten will. Es kann aber auch sein, dass äußere Stille Unruhe, Ängste erzeugt. Irgendwo habe ich einmal gelesen, wenn es außen still wird, geht der Lärm innen los. Da finde ich die innere Ruhe vielleicht beim Anhören von Musik, beim Malen, Joggen.

Jetzt aber ist Feierabend, und ich will meine Ruhe haben! Im Garten ist es still, der Flieder will duften.

Ausgesucht und kommentiert von Gregor Graf.

Abschied
… auf dem Teller
noch Brot

Horst-Oliver Buchholz

Abschied. Bereits dieses Wort am Anfang des Haiku öffnet einen weiten Raum für Erinnerungen und die damit verbundenen Emotionen. Die Autorin/der Autor lässt offen, ob es sich um einen tagtäglichen oder um einen Abschied für längere Zeit handelt. Geht ein Kind zur Schule, die Partnerin zur Arbeit? Verabschiedet sich die Tochter, um ein Studium im Ausland zu beginnen? Die Gefühle, die durch einen Abschied ausgelöst werden, sind so unterschiedlich wie die Gründe für den Abschied.

Sind die vielen Abschiede, die zum Leben gehören, nicht auch eine Vorbereitung auf den endgültigen Abschied?

In der zweiten und dritten Zeile erfahren wir, dass gegessen wurde. Auf dem Teller liegt weder Fleisch noch Gemüse, sondern Brot. In der Symbolik steht Brot u. a. für Gemeinschaft und Leben. Die Brotzubereitung und das Brot als Grundnahrungsmittel waren im europäischen Raum hoch geschätzt. Die Bedeutung des Brotes spiegelt sich im Brauchtum (Backwaren im Jahreszyklus), in Religion, Literatur, Kunst und in zahlreichen Sprichwörtern wider.

In einer Zeit, in der immer mehr Menschen vereinsamen, thematisiert das Haiku den Wert der nährenden Gemeinschaft, ohne zu moralisieren.

In wenigen Worten verweist das Haiku auf existentielle Themen.

Ausgesucht und kommentiert von Ruth Karoline Mieger.

Kindergarten
Die alten Wege
Noch einmal gehen
Taiki Haijin

Bewegende vierzehn Silben, ein Abrufreiz in der Eröffnungszeile, der sofort Emotionen weckt, denn *Kindergarten* wird zum entschlüsselnden (W-)Ort.

Der Eintritt in den Kindergarten ist die erste einschneidende Veränderung. Raus aus dem Elternhaus! Sich mit Gleichaltrigen auseinandersetzen, Gruppensituationen kennenlernen und mit fremden Regeln zurechtkommen. Neugier, Entdeckungsdrang, freudige Unbeschwertheit machen diesen Schritt in die neue Welt leicht. In jedem von uns gibt es bestimmt den Wunsch, vor allem wohlwollend besetzte Erinnerungen hinüber ins Erwachsenendasein retten zu wollen. Fröhlichkeit, Lieder im Morgenkreis, Lob für ein besonders gelungenes Bastelstück, ausgelassenes Toben, interessante Spielgeräte, spannende Ausflüge ... und so weiter. Aber wer kennt nicht auch die andere Seite, diese Wellen aufwallender Gefühle? Ängstliches Herzklopfen in der fremden Umgebung, schreibt sich genauso in mein Selbstbild ein und hat möglicherweise Einfluss darauf, wie ich mich im späteren Leben verhalte. Da mischt zum Beispiel die Angst vor Stärkeren mit, da brodelt Wut, dass ich mich nicht gewehrt habe, oder es flammt Enttäuschung auf, weil mir niemand geholfen hat. Da rollen Tränen, weil ich wieder nicht mitspielen durfte, und da ist das schamhafte Gefühl bei Hänseleien, am liebsten in den Boden versinken zu wollen.

Die alten Wege öffnen Erinnerungsfenster, sie führen in autobiografische Erfahrungen hinein, die mit verstandesmäßigen Möglichkeiten allein nicht zu beschreiben sind. Vieles aus einer Zeit, zu der ich nur bruchstückhaft bewussten Zugang habe, wird vom Gedächtnis in den Körper eingebrannt, weil intensive Erinnerungen an Menschen und prägende Erlebnisse daran geknüpft sind. So kann auch ein konkreter Ort, dessen äußeres Gesicht sich vielleicht im Laufe der Zeit stark verändert hat, Jahre, sogar Jahrzehnte später, im inneren Erleben wieder verloren geglaubte Einzelheiten, Geräusche, Gerüche, plastische Bilder sowie Empfindungen lebendig werden lassen …

Die Großschreibung beim Einstieg mittels *Die* in die zweite und *Noch* in die dritte Zeile unterstreicht jeweils die unmittelbare Präsenz des Erinnerten, als hätte sich weder ein zeitlicher noch gefühlsmäßiger Abstandshalter zwischen Gegenwart und Vergangenheit geschoben. Vieles ist sichtlich angesprochen, ohne dass es explizit ausgesprochen werden muss. Es geht nicht vorrangig um nostalgische Gefühlsduselei. Genauere Beweggründe für diese Rückblende in die Kindheit erfahre ich allerdings nicht.

Vielleicht gezielte Spurensuche während eines Besuches? Es könnte also sein, jemand ist zurückgekehrt, um mit einem Stück persönlicher Geschichte Frieden zu schließen, oder um über die Verbundenheit zum Heimatort in einer gegenwärtigen Lebenskrise sozialen Rückhalt zu finden. Es ist jedoch auch durchaus vorstellbar, gemeinsam mit dem Sohn, der Tochter, vielleicht auch einem Enkelkind, zum ersten Mal auf ‚den alten Wegen‘ unterwegs zum Kindergarten zu sein.

Ein gängiger Ausspruch, wenn früher Verwandte kamen: „Mensch, du bist aber groß geworden!"

Jeder trägt seine Erinnerungen mit sich an die eigene Kindheit und auch an die Zeit, wenn man die eigenen Nachkommen wachsen und aus den Kinderschuhen herauswachsen sieht … Die Sehnsucht nach Zugehörigkeit ist tief in uns verwurzelt. Und da wünsche ich mir gerade doch umso mehr, dass viele Erinnerungsschätze im Gedächtnis verankert sind.

Ausgesucht und kommentiert von Birgit Schaldach-Helmlechner

Die Auswahl

Verkehrsstau –
eine kleine Hand zaubert
lächelnde Gesichter

Valeria Barouch

Jahrestreffen
wir graben uns durch
die erste Schicht

Christof Blumentrath

die Nacht taut –
in den Scheiben spiegelt sich
altes und neues Licht

Gerd Börner

bienensterben
der clown pflückt
eine imaginäre blume

Frank Dietrich

als hätten sie alles
verstanden in diesem Winter …,
Kirschblüten

Bernadette Duncan

Im Straßengraben
die ersten bunten Tupfen
Plastiktüten

Susanne Effert-Hartmann

Am Meer
in seinem Rauschen
verstummen Gedanken

Wolfgang Gründer

Waldhimbeeren
wieder werde ich mich
verspäten

Christof Blumentrath

Ankunft der Stare
Punkt für Punkt
aufs Papier

Marcus Blunck

Frühlingserwachen …
in der Sonne verblasst
eine Plastiktulpe

Horst-Oliver Buchholz

Regenguss
die Tulpen verneigen sich
vor den Veilchen

Hildegard Dohrendorf

Schöner Wohnen
ins Altpapier – der Mond
auf seinem Wolkenbänkchen

Bernadette Duncan

Lebenslinien
am Stellwerk
ranken Rosen

Hans-Jürgen Göhrung

Kindergarten
Die alten Wege
Noch einmal gehen

Taiki Haijin

beim Wegkreuz
verharren – nichts weiß ich
von ihm

Gabriele Hartmann

über den friedhof …
„unvergessen"
nur die raben

Bernhard Haupeltshofer

seidenblaue Nacht
flüstere einen Wunsch
in das Ohr des Mondes

Anke Holtz

Buschwindröschen schon
im Kalender rot markiert
deine Anreise

Silvia Kempen

Kloster auf Zeit –
ein Fenster öffnen
für die Streunerin

Eva Limbach

blinder Spiegel
tief in mir die Melodie des alten
Kinderliedes

Ramona Linke

Fensterplatz
ihr Blick wandert
über Windows-Dateien

Eleonore Nickolay

lunare Landschaft
seine Hände mischen
Wasser und Mehl

Gabriele Hartmann

Mairegen
auf dem Gesicht der alten Frau
ihr Mädchenlächeln

Anke Holtz

Chopins Walzer -
schweben, schweben …
im Fliederrausch

Ilse Jacobson

erster Schnee
der Duft des
neuen Lichts

Gérard Krebs

Wohnungsauflösung …
in der Zigarrenkiste
das Foto von mir

Eva Limbach

Stadtbummel …
die Kirschen blühen
auf blickdichter Verglasung

Ramona Linke

heimatlos –
suche den Kirchturm
am Horizont

Angelica Seithe

das licht
erloschener sterne
holzkreuze

Helga Stania

öffnende knospen
die zarten hüllen
der stille

Helga Stania

Morgennebel
ein Sonnenstrahl trifft
meine Frühlingsträume

Birgit Weidner

im Rollstuhl
heute wieder acht Käfer
verschont

Friedrich Winzer

Tanka-Auswahl der HTA

Tony Böhle und Silvia Kempen wählten vier Tanka aus.
„Ein Tanka, das mich besonders anspricht" – unter diesem Motto werden
Texte vorgestellt und kommentiert.

Ein Tanka, das mich besonders anspricht

Vaters Hand
auf meiner Schulter
zum Ritter schlagend
mit flacher Klinge den Sohn
der ich nie war

Gabriele Hartmann

Anlässlich des Pfingsttages veranstaltet Kaiser Friedrich I Barbarossa im
Jahr 1184 in Mainz einen Hoftag, in dessen Rahmen seinen beiden Söhnen
Heinrich und Friedrich eine besondere Ehre zuteil wurde. Die beiden jungen
Männer erhielten von ihrem Vater und Kaiser persönlich die Schwert-
leite. War dieses Ritual damals vor allem als dynastischer Herrschaftsan-
spruch der Staufer gedacht, hat sich der Ritterschlag bis heute als
Anerkennung für besondere Leistungen in unserer Sprache erhalten. Ist
die Zeit der gepanzerten Reiter auch schon seit Jahrhunderten vorüber,

gibt es in Großbritannien die Adelung mit dem Schwert durch den Monarchen noch bis heute, wenn auch mit einer anderen Bedeutung.

Wird man sich der enormen symbolischen Bedeutung bewusst, lässt sich wohl erst erfassen, welche Bedeutung das lyrische Ich dem nach außen wohl eher trivial anmutenden Schulterklopfer des Vaters beimisst. Bei der genaueren sprachlichen Betrachtung lassen sich dafür Anhaltspunkte finden. Die väterliche Hand wird zur flachen, aber gleichwohl scharfen Klinge eines Schwertes stilisiert. Sie kann nicht nur symbolisch ehren, sondern auch verletzten, Gliedmaßen oder gar Köpfe abtrennen – ganz nach dem Ermessen ihres Besitzers. Dieser Vergleich deutet eine Ambivalenz in der Vater-Sohn-Beziehung an, irgendwo zwischen Furcht vor der Strenge des Vaters und dem Wunsch nach Anerkennung.

Ein weiterer Grund, weshalb das Tanka eine eindrückliche Wirkung hinterlässt, ist die Hinleitung zur letzten Zeile, in der der Text seinen Gipfelpunkt findet. Hatte der Schulterklopfer „mit flacher Klinge" bereits atmosphärische Störungen anklingen lassen, wird der Grund dafür nun deutlicher zutage gefördert. Das lyrische Ich selbst bezeichnet sich als „den Sohn / der ich nie war". Ob es ein schmerzlicher Blick auf das eigene (Fehl)-Verhalten ist oder ein Empfinden, das ihm der Vater gegeben hat, bleibt unklar. Aber auch eine weitere Lesart ist durchaus denkbar: Sucht und sieht der alt gewordene Vater im lyrischen Ich vielleicht den Sohn, den er sich immer gewünscht hat, eine Art von Sohn, die das lyrische Ich aber nie war oder sein wollte? Man wäre wohl gespannt darauf, mehr zu erfahren, aber alles, was für ein herausragendes Tanka nötig ist, wurde schon ausgesprochen. Ein Mehr an Hintergründen, an Erklärungen oder Begründungen würde dem Siedepunkt dieses Augenblicks nur Kraft nehmen.

Ausgesucht und kommentiert von Tony Böhle

Die Auswahl

Am Steilhang
beugt sich mein Haupt
schweißgetränkt
vor der Butterblume
gekrönt vom Morgentau
    Valeria Barouch

Vaters Hand
auf meiner Schulter
zum Ritter schlagend
mit flacher Klinge den Sohn
der ich nie war
    Gabriele Hartmann

ich habe Angst
dass mir die Zeit davonläuft
und ich eines Tages
überrascht erkennen muss
alle Uhren stehen still
    Erika Uhlmann

Mondlicht
auf dem Kissen
neben mir
ob ich mich umdrehe
oder nicht
    Frank Dietrich

um etwas Salz
bittet der neue Nachbar
und verbreitet den Weg
von seiner
zu unserer Tür
    Gabriele Hartmann

Mitgliederseite

Jedes Mitglied der DHG hat die Möglichkeit, eine Einsendung zu benennen, die bei Nichtberücksichtigung durch die Jury der Haiku- und Tanka-Auswahl auf dieser Mitgliederseite veröffentlicht werden soll.

im Gartenhaus
zwei Tische vis-à-vis
letztes Sommerfest

Ellen Althaus-Rojas

Die Wasserlache
birgt Baumwipfel und Wolken.
Hör nicht auf, Regen!

Thomas Berger

Großmutters Tasse
heißen Kaffee umschlingen
Rosenranken

Marcus Blunck

Abschied
… auf dem Teller
noch etwas Brot

Horst-Oliver Buchholz

Von Weitem bestaunt
zarte Kirschblüte
in fremden Gärten

Renate Diefenbach

frühlingsduft
auf den dichterstufen
kastanienblüten

Sylvia Bacher

fein eingeparkt
die Männerhorde
verkrümelt sich

Martin Berner

Pappeln bei Giverny*still
schauen und lauschen
*Claude Monet

Gerd Börner

Mitternacht
im Hintergrund Kirchenglocken
Himmel sternenklar

Marta Budna-Lamla

Schneesturm
ich lese die Haiku
vom letzten Frühling

Hildegard Dohrendorf

Graue Schnauzbärte
der alte Herr
und sein alter Hund
Susanne Effert-Hartmann

Transposition
Am Froschteich die Fußstapfen
des alten Meisters
Hans-Jürgen Göhrung

tage wie schnee –
fern
der ruf des kuckucks …
Ruth Guggenmos-Walter

im Klang der Schale
erblüht
dem Tau zuhören
Claus Hansson

Reglos, die Schnecke.
Doch morgen früh wird sie
hier gewesen sein.
Wolfgang Herrmann

Morgenstunde
unterm Kirschblütenbaum –
von fern ein Kuckuck.
Manfred Karlinger

rush hour
in der Staubwolke blüht
ein Weißdorn
Silvia Kempen

Du
Wüstenbaumblüte
Mondbäume
Loretta Gaukel

die Katze hangelt sich
am Gürtel des
Bademantels an mir hoch
Karola Groch

Hundegebell
Im Garten nebenan
Das Würstchen am Grill
Taiki Haijin

Sissis Sprossenwand
im Prunkschloss herrscht
Hochbetrieb
Birgit Heid

Der Lenz wird kommen –
wie jedes Jahr. Aber im
Klima gewandelt!
Hans-Joachim Horstmann

dieser Morgen so flüchtig
keine Zeit – die bleibt
Tränen zu zählen
Ute Kassebaum

Wandernde Kinder –
Sein Taschenlampenlicht jagt
Nachts ein Glühwürmchen
Andreas Kirn

Am Bachufer
zwischen den Grashalmen
eine Gummiente
Petra Klingl

im garten
reger flugverkehr
die meisen füttern
Renate Küppers

Weit der Früchte Duft
Streuobstwiesen – Sonnenglanz –
leis' – her-streicht – der Wind
Erich Meyer

Nur ein Arm übrig
machte noch die Gurken ein –
mein alter Vater
Masami Ono-Feller

Feuerstelle
hinter uns
Asche
Sebastian Salie

die uralte Linde
gefällt
vorschriftsgemäß hohl
Evelin Schmidt

Verstummte Glocken,
die Hochzeitsreise beginnt.
Tränen der Freude.
Gerhard A. Spiller

Verliebte träumen
Sommernacht
Glühwürmchen tanzen
Hildegard Korsten

Tränende Herzen
Blütenwunder schon im Mai –
Rotes Herz tropft weiß
Reinhard Lehmitz

Bussarde kreisen
liebestrunken am Himmel.
Noch kein Grün in Sicht.
Jürgen Morgenstern-Feise

Der große Kirschbaum
Verblüfft als Blütenwolke
Und Singdrossel singt
Rainer Randig

ein wildgans-pärchen
klagend am himmel –
so viele waren wir einst
Theo Schmich

in der Luft hängen
einzelne Flocken Neuschnee
über den Häusern.
Hildegund Sell

Sonntagsfütterung –
Der alte Mann wartet bis
Die Fische tanzen
Walther Stonet

Mallorca im April
Zitronen ungepflückt
mich fröstelts

Franz-Josef Talarczyk

Morgenlicht
im grünenden Hinterhof
gurrende Taube

Ingrid Töbermann

Blasse Sonne
auf schneebedeckten Blüten
noch dräut der Winter …

Birgit Weidner

Kleiderspende.
Mutters Jacke bleibt im Schrank –
Bindegewebe

Dagmar Westphal

Raureifmorgen
Qualm, der aus dem Schornstein quillt
unstete Guaschen

Klaus-Dieter Wirth

Windräder drehen
sich taktvoll in der frischen
Märzbrise

Angela Hilde Timm

in unserm Garten
sind die Rosen voll erblüht
ich vermisse dich

Erika Uhlmann

lebendige landschaft
bebend unter mir
dein Körper

Birgit Wendling

Jogger den Fluss entlang
lautes Gebell der Hunde
erste Gänseblümchen

Gisela K. Wolf

Haibun

Horst-Oliver Buchholz

Kinderspiel

Der Blick des Kindes mir gegenüber in der S-Bahn ist nicht angestrengt, aber konzentriert. Der Körper ist reglos, nur die kleinen, etwas wurstigen Finger bewegen sich behände über den Touchscreen eines Smartphones, ein Spiel zu steuern. Schließlich schreckt das Kind hoch und ruft aus: „Mist, abgeschossen! Jetzt hab´ ich nur noch drei Leben!" Ein älterer Herr steht auf und geht. „Endstation", sagt er.

> zurück von der Reise
> die unerforschten Orte
> in mir

Bernadette Duncan

Kassiopeia auf der Spur

Die unergründliche Tiefe des Sees, in dem wir an jenem Mittsommertag geschwommen waren, gab uns wohl den Mut, an das mit geheimnisvollen Zeichen versehene Tor des Bildhauers zu klopfen, dessen in der Landschaft verstreute Skulpturen mir stets das Gefühl gegeben hatten, dass der liebe Gott immer noch am Werke war.
Das Öffnen wunderte uns, Abi fast in der Tasche, nicht, wir ertrugen auch die argwöhnischen Blicke der Öffnenden und brachten unser im Grunde genommen nur aus schimmernder Luft bestehendes Anliegen vor. Und doch erschien kurz darauf ein zarter Greis, der, als hätte er schon lange darauf gewartet, uns munter herumführte, plauderte, erklärte. Wir aßen Kirschen, spuckten Kerne und wandten uns schon zum Gehen, als die

hölzerne Tür einer etwas abseits gelegenen Scheune aufgeschoben wurde. An dieser Figur arbeite er seit über fünfzig Jahren.

Der sanfte Blick des Alten auf die zaghafte Geste, mit der die kupferne Frau ihr längst grün gewordenes Haar zurückschob, ließ eine unendliche menschliche Aufgabe ahnen, die fertigzustellen schier unmöglich und die abzugeben das Schmerzlichste überhaupt sein würde.

vor der auktion
das alte werkzeug, warm von der sonne
in der hand wiegen

Claus Hansson

Schichtbeginn

… durch das Osttor, wie jeden Morgen. Krähen erwachen und rufen laut vom Kran herab. Im Dock liegt ein Reparaturschiff, die Wetterschutzhalle verbirgt den Yachtneubau. Werker sind unterwegs zum Schichtbeginn. Aus einigen Containern leuchtet bereits Licht. Zwei Trittstufen noch …

mein Schritt –
geborgen in der Matte
aus Moos

Eva Limbach

Freitag

Der einzige Tag der Woche, an dem ich nicht zur Arbeit gehe.
Nun ja, ich putze das Haus, wasche und bügele, gehe einkaufen, und wenn
das Wetter es zulässt, kümmere ich mich um den Garten.
Seit einigen Wochen gehen Schüler und Studenten an diesem Tag auf die
Straße, um für das Klima und eine bessere Zukunft zu demonstrieren. Wie
oft habe ich damals die Schule einfach nur aus Spaß geschwänzt. Ich sollte
mich ihnen anschließen, ja tatsächlich, das sollte ich …
Aber im Keller hat sich mein Wäschetrockner gemeldet, und das Bügelei-
sen ist heiß.

Nachbars Apfelbaum
der Sommer
als wir Helden waren

Angelika Holweger

Wieder mal

diese monotone Computerstimme aus dem Telefon: „Ihr Gesprächs-
partner ist zur Zeit nicht erreichbar!" Auch kein Rückruf. Als ob es dich
nicht mehr gäbe. Unbeantwortet bleiben alle Fragen.

Nacht ohne Sterne
ich zähle
die Stunden

Hartmut Fillhardt

Freiheit

Als Kinder lernten wir, auf Alte und Behinderte Rücksicht zu nehmen und, wo möglich, zu helfen. Seit ich selbst gehbehindert bin und seit man das meiner gebeugten Haltung auch deutlich ansieht, weiß ich, wie schnell die täglich erkämpfte Lebensenergie durch gut gemeinte Hilfe verloren gehen kann.

Froh darüber, gerade einen guten, beweglichen Tag zu haben, an dem ich mal ohne Stock auskomme, bitte ich an der Theke des Bäckereicafés um ein Tablett, mit dem ich mein Frühstück einfacher tragen kann.

Prompt stellt die Caféhilfe im Nebenraum ihren Besen in die Ecke und fragt, ob sie mir helfen dürfe.

> Zwischen den Stühlen
> die Sonne
> auf der Haut.

Tan-Renga

Horst-Oliver Buchholz und
Angelika Holweger

Aufgewacht
am Himmel
blühen Rosen

zu groß das Bett
diese Nacht ohne dich

AH / HOB

Silvia Kempen und
Gabriele Hartmann

heimliche Blicke
das Nest im Ostermoos
immer noch leer

der weiße Briefbogen
zu einem Schiff gefaltet

GH / SK

Silvia Kempen und
Gabriele Hartmann

Wolken kommen
und gehen – Hand in Hand
zum Horizont

… und dann links
wo die Zukunft wartet

GH / SK

Claus Hansson und
Ilse Jacobson

zwölf Nächte –
gedämpft die Schritte
im Albwind

*Wie spät der einsame Kranich
zurückkehrt!* *

*Tu Fu (712–770 n. Chr.)

CH / IJ

Rengay

Sylvia Bacher, Claudia Brefeld, Brigitte ten Brink

rissige wand
Frühling

fest in der hand
mein wanderstab streift
frühlingsdüfte

aufgescheucht die dohle
einen halm im schnabel

tief luft holen
atemberaubende sicht
auf ferne gipfel

über mir im felsenschlot
das johlen des windes

zwischen den haken
in rissiger wand
einsteinbrech

weiterziehen
wolken wandern mit

CB: 1, 4 / SB: 2, 5 / BtB: 3, 6

Sylvia Bacher, Claudia Brefeld, Brigitte ten Brink

sand in den schuhen
Sommer

auf dem weg zum meer
mit frischem wind von ferne
fischgeruch

zwischen den dünen
schuhe voller sand

leinen los …
das segel knallt
gegen die sonne

möwen stürzen
in bewegte see

spritzende gischt
kühle würze von den lippen
lecken

sommersatt – gemeinsam
am strandfeuer

SB: 1, 4 / BtB: 2, 5 / CB: 3, 6

Brigitte ten Brink und Gabriele Hartmann

Traum nur war es

Olivenzweige
in seinen Augen
Abschied

brütende Hitze
die Nachtigall singt nicht mehr

doch dann erhebt sich
Welle um Welle – ich werde
das Meer

Vollmondnacht
auf der Haut
Perlenschimmer

von Fern ein Glockenton
horch, da geht unser Sommer

Traum nur war es
nicht geschaffen
fürs Leben

GH: 1, 3, 5 / BtB: 2, 4 , 6

Kettendichtung

Helga Stania

Nach Fotos von Roy de Cavara
(The Sweet Flypaper of Life; First Print Press, USA)

bretterritzen
Sequenz

der ernste blick tiefschwarzer augen

sie umarmt ihren liebsten
lockenwickler im haar

gedankenverloren
eine zigarette
zwischen den fingern

durch bretterritzen
blicke auf harlem

gemeinsam mit freunden den blues anstimmen

Claus Hansson und Ilse Jacobson

Stille
Renhai

Albtrauf –
in seiner Stille
angekommen   IJ

auf dem Balkon Grüner Tee   CH
eine Krähe streift den Mond   IJ

Orgelpassion –
ich gehe heim im Duft
der Pflaumenblüte   CH

Es können auch längere und lange Kettendichtungen eingereicht werden, diese werden dann aber nicht mehr im SOMMERGRAS, sondern auf der DHG-Website parallel zur jeweiligen SOMMERGRAS-Ausgabe veröffentlicht. Auf diese Weise wird die gemeinschaftliche Kettendichtung besser gefördert, da es so keine Platzeinschränkungen mehr gibt, die beim SOMMERGRAS ja immer eine Rolle spielen.

Die Kettendichtungen (*renk*u) bitte immer mit dem zugrunde liegenden Schema und Anmerkungen einreichen, da es so für die Leser besser nachvollziehbar ist.

Wir freuen uns auf Ihre Zusendungen!

Rezensionen/Besprechungen

Eleonore Nickolay

Das Echo der Kiefern

Das Echo der Kiefern Haiku, Kurzlyrik und Kurzprosa von Gerd Börner. BoD-Books on Demand, Norderstedt. 2018. ISBN 978-3-752961-41-9, 284 Seiten.

Gerd Börner beschert uns das Vergnügen einer Zusammenfassung seines literarischen Schaffens aus drei bereits erschienenen Bänden der Jahre 2005, 2008 und 2013 und aus neuen Werken der letzten fünf Jahre. Die Haiku, bzw. Kurzgedichte mit Haiku-Charakter und Gendai-Haiku nehmen dabei den größten Platz ein und werden hin und wieder von Haibun mit teilweise politischem oder gesellschaftsrelevantem Hintergrund und Haiga unterbrochen. Der Autor hat sich am Buchanfang die lobenswerte Mühe gemacht, alle drei Genres für die mit der Materie noch nicht vertrauten Leser zu erläutern. Außerdem macht er uns darauf aufmerksam, dass er auf eine Gliederung nach Themen oder Jahreszeiten verzichtet hat; ein Schachzug, mit dem er den derart unvorbereiteten Leser dazu bringt, sich auf jeden Text wieder ganz neu einzulassen. Am Anfang der Lektüre mag es noch ein wenig irritieren, wenn Gerd Börner uns von Seite zu Seite in eine andere seiner Erlebniswelten versetzt, aber nach einer Weile haben wir uns an den rasanten Wechsel der Schauplätze gewöhnt. Wir pendeln mit ihm zwischen seinem Alltag (in Berlin) und seinen Reisen in fremde Länder (vornehmlich des Hohen Nordens). So geschieht es gleich auf der ersten und zweiten Seite, wenn vom Echo der Kiefern und dann vom kleinen Alltag die Rede ist. Gerd Börner ist ein Meister in solchen ausdrucksstarken lyrischen Wendungen, die schon für sich allein einen langen Nachhall erzeugen, wie beispielsweise *erhabenes Rot / das Zittern der Zweige / der Fluss findet seine Sprache wieder / der Geschmack verbrannter Worte / hinter dem Wind* ... Der Wind ist ein immer wiederkehrendes Motiv und mutet an wie ein lieb gewonnener Begleiter:

im Streit …
doch der Sommerwind
streichelt uns beide

über dem Meer
ist der Himmel größer –
noch fremd der Wind

nimm mich mit
flüstre ich
in das Ohr des Windes

Tränen im Hals
doch der Wind in den Kiefern
um den See

Mit dem Wind endet Gerd Börner seine Haiku-Sammlung auch:

hinter der Ecke
endet der Wind

Aber ich blättere noch einmal zurück und halte inne bei folgenden Haiku:

An der Steilküste, mit der Lust, angesichts der gewaltigen Schönheit des Naturschauspiels, seine Gefühle herauszuschreien:

Gischt schlägt
gegen den Felsen –
Lust zu schreien

Im Garten beim Pflanzen mit fast väterlichen Gesten dem jungen Trieb gegenüber:

um den jungen Trieb
ein Band knüpfen –
lose

Einsam in einer Häuserschlucht am Fenster stehend:

Metropolis –
in den grauen Schluchten
das Echo der Fenster

Eine flüchtige, unverbindliche, aber wohlgesonnene Begegnung im Alltag:

am Paternoster –
vom Lächeln
nur noch die Füße

Und wer kennt nicht die Tristesse verlassener Dorfbahnhöfe?

Dorfbahnhof –
nur der Schaffner
ist ausgestiegen

Der Besuch bei der pflegebedürftigen Mutter mit dem rührenden Bemühen um Normalität:

Frische Astern –
schneide Mutter
die Fußnägel

Die Ernüchterung, die einen überfällt, nachdem ein lieber Besuch gegangen ist:

sie geht …
ich leere mein Glas
in den Regen

Ob Haiku, Kurzlyrik oder Kurzprosa, in allen Texten begegnen wir Gerd Börner als einem feinsinnigen Beobachter. Behutsam, bisweilen zärtlich ist sein Blick auf die Welt, sein Ton auch bei traurigen Anlässen nie lamentierend. In keinem Moment fühlt der Leser sich ausgeschlossen. Wie der Dichter selbst, ist auch er beseelt von der Freude, das Leben, die Umwelt, die Natur bewusst zu erleben. Bescheiden tritt Gerd Börner am Ende seines Buches in den Hintergrund lässt Issa das letzte Wort:

unter den Zweigen
der Kirschbäume in Blüte
ist keiner ein Fremder hier

Klaus-Dieter Wirth

Das Herz ist das Ziel

Das Herz ist das Ziel Tanka und Haiku von Sascha Werner. Siebenberg-Verlag, Lehrte. 2016. ISBN 978-3-877470-40-4. 80 Seiten.

Ein seltsam bemerkenswertes Büchlein! Bemerkenswert zunächst wegen der Qualität seiner Begleittexte, die etwa ein knappes Drittel einnehmen: das Vorwort, in dem Sascha Werner vor allem erklärt, wie er 2011 im wahrsten Sinne des Wortes zufällig zum Haiku gekommen ist; sodann eine Seite „Do – der Weg" mit einer Erklärung zur Wahl seines Buchtitels sowie im Nachspann eine ausführliche, feinsinnige Abhandlung unter derselben Überschrift zum Wesen des Haiku, seiner Entwicklungsgeschichte und seiner ästhetischen Merkmale, eine nicht minder aufschlussreiche Kurzbiografie und schließlich noch einige wichtige allgemeine Fußnoten – das alles von einem einnehmend aufrichtigen Bemühen um die Sache selbst durchdrungen. Die Gedichttexte ihrerseits bestätigen, dass der Autor angesichts seiner Beobachtungen im Einzelnen und bei seiner grundsätzlichen Weltsicht über einen erstaunlich guten Zugang zum rechten Haiku-Geist verfügt. Man wird sogar an Issa erinnert.

Auch im Aufbau orientiert Sascha Werner seine 135 Haiku und 14 Tanka ganz traditionell an den Jahreszeiten, wobei er sich strikt an das 5-7-5-Silbenschema hält. Und hier beginnt die Crux, die seltsame Diskrepanz zwischen der überzeugend authentischen Empathie und den praktisch technischen Unzulänglichkeiten. So wird vor allem bis zum Exzess auf die strenge Einhaltung des Formkorsetts geachtet:

> Über den Bachlauf im
> Morgendunst gleitet der Grau-
> reiher schwerelos.

So kommt es ständig zu unmotivierten Zeilensprüngen, aber auch grammatischen Verrenkungen:

58

Wie ruhst in dieser
Nachsommersonne, Steinbock,
im Felsenschatten.

Wohl ungewollt verbleiben Unklarheiten:

Werfe mit Steinen
nach dem Mond – so lange, bis
er untergeht.

Wieder eine Auslassung des Pronomens (Ich werfe ...) oder ein grammatischer Schnitzer (Wirf ...!)? Auch die Zeichensetzung bleibt oft fraglich:

Über nächtlichem Dorf
Dunstschleier; horch: Wildgänse
kehren nach Hause.

Ganz verunglückt sind leider alle Tanka-Versuche, und zwar strukturmäßig sprachlich-inhaltlich:

Hohe Dachrinne
die Ost gen Süden Zinne,
dort trillert der Spatz.
Er sitzt dort jeden Morgen
und macht emsigen Rabatz.

Gelegentlich schlägt auch bei den Haiku ein gewisser Drang zum Reim durch;

Der Tag hob an. Nun
sinkt er nieder. Es schlafen
bald meine Glieder.

Abgesehen von der sonstigen Banalität dieser Aussage wird in den beiden letzten Beispielen noch eine andere durchgehend auftretende Tendenz des

Autors sichtbar, von der er sich unbedingt lösen sollte, die allzu aufdringliche Verinnerlichung der Sprache seines über die Maßen bewunderten frühromantischen Dichtervorbilds Georg Philipp Friedrich von Hardenberg, genannt Novalis (1772–1801). Beispiele wie die folgenden können nur als Stilbruch bezeichnet werden und gehören einfach nicht in unsere Zeit: *kündet den Frühling / der noch nicht geblühet / Schmetterlinge fliegen lind / ob (wegen) der dampfenden Flur / schier / stracks / ihres Haars süßer Blütenduft / Rotkehlchen – deiner gewahr, ward des Morgens Trost zum stillen Glücke. / Wintersonne macht den Busch golden leuchten, dort eine Ricke steht.* (NB Die Zeilensprünge dürften nunmehr in beiden Fällen klar sein.) / jetzo / Vor Tau und Tag / Sonnenwarm deine Wange.

Noch etwas möchte man dem engagierten Autor mit auf den Weg geben: Bloße Feststellungen

(Schmetterling, du sitzt
auf der Fensterbank und die
Herbstsonne wärmt dich.)

selbst erklärende Verben

(Föhren im Nebel –
unwirklicher noch als die
Wirklichkeit sind sie.),

Aphorismen

(Noch die leiseste
Naturregung pflanzt eine
Spur in die Seele.),

Satzformen meiden, vor allem mehr auf die inhaltliche Zäsur (*kire*) achten!

Doch danken wir Sascha Werner allein schon für die Metapher Runen der Freude oder den Vergleich des Eisvogels mit einem Saphir. Und hier noch vier recht gelungene Beispiele:

60

Glühe Glühwürmchen
glüh – hoffentlich löscht dich nicht
der Sommerregen.

Tagpfauenauge.
So schillernd blickt es mich an –
Waldeseinsamkeit.

Winterstille. Nur
der Wasserkessel tanzt auf
dem Stubenofen.

Schwarz hüllt die Stille
das Dorf. Nur des eisige
Geschrei der Krähen.

Haiku und Foto: Gabriele Hartmann

Horst-Oliver Buchholz

Desire

Desire. Renhai von Christoph Blumentrath und Gabriele Hartmann. bon-say-verlag. 2018. 14 Seiten. Zu beziehen unter info@bon-say.de

Desire, erschienen 1975, zählt zu den großen Alben von Bob Dylan. Zu Recht. Es erzählt große politische Geschichten, wie in „Hurricane", dem ersten Song des Albums, und sehr persönliche wie in „Sara", der das Album abschließt. Und so ist es auch ein großes Unterfangen, die Song-Titel dieses Albums als Quelle der Inspiration für eine Dichtung im Stile des Renhai zu nehmen. Ambitioniert zwar, aber nicht ungefährlich. Nun, hier ist es gelungen. Gleich der Album-Titel, den Christoph Blumentrath mit nur fünf Silben in einen Vers ergänzt, offenbart eine Kunst der Kürze:

> Desire
> ohne jedes Wort

lesen wir da. Das ist ebenso gut, wie es originell ist. Sind doch Wörter das Material, der Werkstoff jeder Dichtung. Diese Ergänzung aber suggeriert, dass vieles (hier: Desire = Verlangen) so ganz ohne Wörter auskommen kann. Es stellt also die (Aussage-)kraft von Wörtern in Frage – indem es aber selbst welche nutzt, in hohem Maße verdichtet und so die Kraft des Wortes gleich wiederherstellt. Ein feines Paradoxon. Schön auch der anschließende Dreizeiler aus der Feder von Gabriele Hartmann:

> tausendmal vergaß
> ich seinen Namen und
> nur seinen Namen

Das erzählt eine ganze Geschichte, deutet sie zumindest an, ein Roman ließe sich mit diesen Zeilen eröffnen und daraus entwickeln. Dies genau zeichnet denn auch die Dichtung von Christoph Blumentrath und Gabriele Hartmann aus. Sie ist vielerorts originell und bringt immer wieder ganze Geschichten zum Schwingen: Dichtung im besten Sinne dessen, was Dichtung vermag. Diese Kunst durchwirkt die Renhai dieses Werkes und zeichnet sie im Besonderen aus. „Diamanten am Himmel" heißt es an einer Stelle. Hier sind es Diamanten, die in Verse und zu Papier gebracht worden sind. Sie funkeln an vielen Stellen.

Frühlingsbach ...

er schreibt den Brief
neu

Haiku: Claudia Brefeld, Foto: Paul Bernhard

Berichte

Beate Wirth-Ortmann

Haiku-Festival in Berlin
vom 5. Februar bis zum 8. September 2019

Berlin ist nicht nur aufgrund der sehr wechselvollen Geschichte, seiner einzigartigen Lage, der unverwechselbaren Museenlandschaft und großartigen alten und neuen Bauten eine Reise wert, sondern auch wegen seiner Menschen aus aller Welt und ihrer Liebe zu Kunst und Kultur.

Darin eingebettet findet in diesem Jahr „Shapes of Haiku", ein Festival für Literatur, Kunst und Musik im Bergmannkiez in Kreuzberg statt.

Unter dem Thema „Bild als Lyrik" startete am 24. März 2019 (Dauer bis zum 14. Juni 2019) in der „Espressolounge" auf dem Mehringdamm die Vernissage zur Haiga-Ausstellung von Ion Codrescu. DHG-Vorstandsmitglied Klaus-Dieter Wirth hielt einen Vortrag über die Herkunft und über die formalen, inhaltlichen und wesenhaften Merkmale des Haiku. Zur Haiga-Ausstellung erklärte er die Besonderheiten der Sumi-e Technik.

Alles braucht seinen Vorlauf, weshalb bereits im Sept./Okt. 2018 über Vermittlung von DHG-Vorstandsmitglied Petra Klingl der Kontakt mit der Berliner Musikwissenschaftlerin Saori Kanemaki geknüpft wurde.

Über Telefonate und E-Mails konnten daher sowohl Daten und Zeiten als auch alle Modalitäten der Anreise, Ausgestaltung im Café mit Haiga-Kopien und Infos, sowie Umfang und Dauer des Einführungsvortrags abgestimmt werden, galt es doch, die Entfernung von über 600 km zwischen dem Wohnort der Bilder und des Vortragenden und dem Ort der Präsentation zu überbrücken.

Die gute Vorarbeit und Planung von Saori Kanemaki machten daher den Eröffnungsabend für die anwesenden Besucher zu einem Erlebnis, und die Thematik des Haiku und Haiga eröffnete ihnen den Einblick in ein bis dahin unbekanntes Genre der Kunst.

Deborah Karl-Brandt

Zeit der Kirschblüte in der Bonner Altstadt
Zu einer Haiku-Lesung in der Altstadtbuchhandlung Büchergilde

Ein Höhepunkt des Bonner Frühlings ist die Blüte der Nelkenkirschen in der Altstadt. Dann lädt das Stadtviertel zur Kirschblütenschau. Ein Flyer informiert über die vielen Aktivitäten rund um das Fest.

Zu meiner Freude gab es auch zwei Haiku-Veranstaltungen. Ein Ferienworkshop für Kinder, den das Frauenmuseum Bonn vom 15. bis zum 18. April. veranstaltete, beschäftigte sich mit Frühlingsmalerei und Haiku-Dichten. Ich beschloss, die Haiku-Lesung zu besuchen, die die Altstadtbuchhandlung Büchergilde am Samstag, dem 13. April, anbot. Interessierte konnten sich ein Haiku vorlesen lassen.

Der Blick ins Schaufenster war vielversprechend. Eine Auswahl an Anthologien zum Haiku wurde präsentiert. In der Buchhandlung entdeckte ich ein Weidenkörbchen mit Losen, deren Farbnuancen an die Kirschblüte erinnerten, und zog eins. In einem abgeschiedenen Eckchen der Buchhandlung, wo ein gemütlicher Ohrensessel, eine Couch und ein Sessel zum Verweilen einladen, wurde mir dann *mein* gezogenes Gedicht vorgetragen:

Wie in Gedanken
Geht dort der Frühlingsmond auf
Im Spalt des Buschwerks[1]

Frau Wiebke Naumann las mit Luft zwischen den Zeilen, damit die Atmosphäre der Worte sich entfalten konnte. Jedes Gedicht wurde zweimal vorgetragen. Das Team hatte jedes Haiku separat auf ein rosafarbenes dickes Papier gedruckt, damit der Hörer das Haiku auf Wusch mit nach Hause nehmen konnte.

Im Gespräch erfuhr ich mehr über die Aktion. Es wurden zur Frühlingszeit passende Haiku gelesen. Neben den bekannten Haiku-Meistern

---

[1] Aus welcher Anthologie dieses Gedicht stammt ist mir leider unbekannt. Der Autor ist anonym.

(Bashō, Buson, Issa und Shiki) wurden auch anonym verfasste Werke im traditionellen Stil berücksichtigt. Im Anschluss an die Lesung bestand die Möglichkeit, sich über das Haiku zu informieren. Typische Fragen der Besucher thematisierten die Herkunft des Haiku, seinen Aufbau und die Autoren der gelesenen Werke. Das Ziel war es, die Krönung der Dichtkunst, wie Frau Naumann das Haiku nannte, einer breiteren Öffentlichkeit vorzustellen. Insgesamt wurden 35 Haiku gelesen. Nicht nur mir, sondern auch den anderen Hörern gefiel die Aktion sehr gut.

Evelin Schmidt und Stephanie Mattner

Ein Hauch Japan in Werenzhain

Die 23. LiteraTour zwischen Elbe und Elster hat am 30. März 2019 im Atelierhof Werenzhain mit der besonderen Lyrikform des „Haiku" Station gemacht. Initiiert wurde eine Lesung von Petra Klingl als Vorstandsmitglied der Deutschen Haiku-Gesellschaft und Leiterin der Berliner Haiku-Gruppe unter dem Motto „Auch in Berlin springt der Frosch in den Teich". Der Titel ist eine Anspielung auf das Ur-Haiku des berühmten japanischen Dichters Bashō, der vor über 300 Jahren lebte.

Die Berliner Haiku-Gruppe hat es in den Atelierhof gezogen, um dort das „Haiku" bekannter zu machen. Neben zahlreichen Besuchern war auch der Ortsvorsitzende Uwe Roland zugegen, um die Veranstaltung zu eröffnen. Das Haiku hat sich aus der japanischen Tradition herausgebildet und zählt heute zu einer anerkannten Richtung der Weltliteratur. In knapper Form schildert es immer einen Augenblick, der im Jetzt liegt. Es hat einen konkreten Bezug zur Gegenwart des lyrischen Erlebens. Dabei ist das Haiku nicht abgeschlossen und lädt stets den Leser zur zweiten Erfahrung ein. Die Lesung der Gruppen-Mitglieder um Petra Klingl – Wolfgang Gründer, Evelin Schmidt, Stephanie Mattner, Karola Groch, Brigitte Weidner und Renate Straetling – zeigte anschaulich, wie die Umsetzung individuell sehr verschieden verstanden werden kann.

Neben der Lesung wurde auch eine Haiga-Ausstellung des Künstlers Ion Codrescu im Atelierhof eröffnet. Haiga ist eine fließende Komposition aus Haiku und interpretierender Tuschemalerei. Der Ausstellungsraum mit Kiesboden wurde in Anlehnung an einen japanischen Zen-Garten gestaltet. Die blühenden Kirschzweige und japanischen Teeschalen, Lackarbeiten und Kaligraphien auf Reispapier ergänzten den Bezug zum fernen Japan.

Buschwindröschen
der Frühling ertrinkt
in der Wiese
    Petra Klingl

Der warme, sonnige Frühlingstag bot eine ideale Kulisse für Neues. So erlangten die Besucher der Veranstaltung neue literarische Impulse, und die Berliner Haiku-Gruppe erhielt Anregungen für künftige Kooperationen mit dem Atelierhof Werenzhain.

Mitteilungen

Neuveröffentlichungen

1. Birgit Heid: Erste Schneeflocken. Haiku. Books on Demand, Norderstedt. 2019. ISBN: 978-3-748159-27-8. 139 Seiten.

2. Morgennachrichten. Haiku-Jahrbuch 2018. Herausgegeben von Volker Friebel. 553 Haiku von 116 Autoren sowie 9 Tan-Renga. Edition Blaue Felder, Tübingen. Im Buchhandel erhältlich. Eine kostenfreie pdf-Version befindet sich auf: www.haiku-heute.de/jahrbuch

3. Birgit Heid: Wegzehrung, Zwischen Inn, Chiemgauer Bergen und Königssee. Haibun. Mit einigen eigenen Schwarz-Weiß-Fotos und Fotogrammen. Books on Demand, Norderstedt. 2019. ISBN: 978-3-749434-67-1. 169 Seiten.

4. Horst-Oliver Buchholz: Gesplitterte Zeit. Haiku und Haibun. Books on Demand, Norderstedt. 2019. ISBN: 978-3-749452-24-8. Auch als E-Book erhältlich. 140 Seiten.

5. Gabriele Hartmann: Sand in der Uhr bin auch ich. Künstlerbuch, 22 Tanka und 22 Fotos mit Holzschnitten von Kiyoshi Hasegawa. Handarbeit, schwarzem Tonpapier 15 x 15 cm, Hutgummi. bon-say-verlag. 2019. Zu beziehen unter: info@bon-say.de

6. Gabriele Hartmann: **tan**go. Künstlerbuch, 98 Gendai-Haiku. Handarbeit, ca. 21 x 10,5 cm quer, Haiku mal oben, mal unten zwischen 98 Blatt schwarzes Tonpapier A4, Buchschrauben oder Buchösen. bon-say-verlag. 2019. Zu beziehen unter: info@bon-say.de

Sonstiges

1. **Haiku-Wettbewerb 2019 der DHG für die Haiku-Agenda 2020**
   Die Teilnahmebedingungen sehen vor:
   - Bis zu drei Haiku pro Teilnehmer. Die Texte sollen zu einer der „fünf Jahreszeiten" passen, wozu sich beispielsweise die bekannten Bezüge zu Klima und Natur, zu Fest- und Feiertagen eignen.
   - Die Haiku müssen unveröffentlicht sein.

   Für das Cover der Agenda 2020 nehmen wir gerne Gestaltungsvorschläge entgegen. Hier gelten folgende Bedingungen:
   - Eine Einsendung pro Teilnehmer;
   - Einreichen im verkleinerten Format ist möglich – zur Verwendung müsste der Vorschlag in ausreichender Größe zur Verfügung gestellt werden können.

   Einsendeschluss für alle Zusendungen zur Haiku-Agenda 2020:
   30. Juni 2019 – Stichwort „Agenda 2020"
   Per E-Mail bitte an:
   peter.rudolf@dhg-vorstand.de

   Per Post bitte an:
   Petra Klingl
   Wansdorfer Steig 17
   13587 Berlin

2. **Haiku und wandern**
   Seminar mit Peter Wißmann und Volker Friebel
   Freitag, 25. bis Sonntag 27. Oktober 2019 im Kloster Neresheim (bei Aalen) und Umgebung.
   Für neue sowie für erfahrene Haiku-Autoren gleichermaßen geeignet. Wir werden die Umgebung des Klosters erkunden, dabei Haiku skizzieren, diese anschließend gemeinsam besprechen und weiterentwickeln. Und wir werden uns über das Haiku und seine Besonderheiten als Lite-

raturform austauschen.

Anmeldung: Telefon 07 11/2 25 85 26 (Geschäftsstelle der Wanderakademie) oder unter www.wanderakademie.de. Dort in der Suche „Haiku" eintragen und den diesjährigen Termin auswählen. Frühzeitige Anmeldung empfiehlt sich, die Zahl der Plätze ist begrenzt.

3. Haiku-Schreiben im Kloster Speinshart (Ingo Cesaro)

Auch in diesem Jahr lädt die internationale Begegnungsstätte Kloster Speinshart, Klosterhof 2, 92676 Speinshart (Dientzenhofer-Saal) zu einem Haiku-Workshop am Samstag, den 13. Juli 2019, in der Zeit von 13:30 bis 19.00 Uhr ein.

In aller Gelassenheit und in Konzentration auf das Wesentliche geht es methodisch zum Verfassen eigener Haiku/Senryu. Nach der Kopfarbeit dann das Setzen und Drucken (Handarbeit) einer Auswahl entstandener Haiku auf Stoff. Natürlich mit zum Nachhausenehmen. Hier lernen die Teilnehmer zwei fast ausgestorbene Kunst-Handwerksarten kennen. Ingo Cesaro, einer der bedeutendsten Haiku-Publizisten im deutschsprachigen Raum, leitet den Workshop. Er hat selbst über einhundert Haiku-Bücher veröffentlicht und über 150 Editionen mit Haiku herausgegeben.

Der Workshop ist für Anfänger und Fortgeschrittene gleichermaßen geeignet. Wer Lust am Umgang mit Sprache hat, wird mit Erfolgserlebnissen anschließend nach Hause fahren.

Teilnahmegebühr: 55 Euro inklusive Material, Pausenverpflegung und Getränke.

Anmeldung erforderlich bis zum 8. Juli 2019

Thomas Englberger: Tel. 09645/601 93 601; Fax.: 09645/601 93 611

Haiku-, Tanka- und Haiga-Mentoring

Für das **Haiku-Mentoring** stellen sich zur Verfügung:

Claudia Brefeld claudia.brefeld@dhg-vorstand.de

Für das **Tanka-Mentoring** stellt sich zur Verfügung:

Tony Böhle tonyboehle@web.de

Für das **Haiga-Mentoring** stellt sich zur Verfügung:

Claudia Brefeld claudia.brefeld@rub.de

(Falls Postadressen gewünscht, bitte beim DHG-Vorstand anfragen.)

Wir möchten alle DHG-Mitglieder ermuntern, diese Möglichkeiten des Austausches zu nutzen, und nehmen gerne zukünftig weitere Namen in diese Listen auf, die wir – aktualisiert – in jedem SG vorstellen werden.

Covergestaltung

Das Cover dieser Ausgabe wurde von Volker Friebel gestaltet.
Jahrgang 1956, wohnt in Tübingen an einem großen Wald, in dem er gern dichtet und fotografiert. Die Fotos werden für Illustrationen und Umschläge eigener Bücher verwendet. Oder für Haiga. Das Foto zum Umschlag dieser Ausgabe des SOMMERGRAS stammt allerdings vom Ufer des Villarrica-Sees in Chile, wo im Angesicht eines Schneevulkans viele wilde Hortensien wachsen.

Impressum

Vierteljahresschrift der Deutschen Haiku Gesellschaft
31. Jahrgang – Juni 2019 – Nummer 125

Herausgeber: Vorstand der DHG
Tel.: 040/460 95 479
E-Mail: info@deutschehaikugesellschaft.de

Redaktion: Claudia Brefeld, Eleonore Nickolay

Titelillustration: Volker Friebel

Satz und Layout: Martina Khamphasith

Freie Mitarbeit erwünscht. Ihre Beiträge schicken Sie bitte per

E-Mail an: Eleonore Nickolay, Horst-Oliver Buchholz, Thomas Opfermann:
redaktion@deutschehaikugesellschaft.de

Post an: Petra Klingl, Wandsdorfer Steig 17, 13587 Berlin

Die Meinung unserer Autoren muss sich nicht immer mit der Meinung der Redaktion decken. Die Beiträge werden von uns sorgfältig geprüft, für die Richtigkeit, Vollständigkeit und Aktualität der Inhalte, insbesondere der fremdsprachlichen Texte, können wir jedoch keine Gewähr übernehmen.

In der Zeitschrift SOMMERGRAS wird die männliche Form stets generisch gebraucht und bezieht folglich die weibliche Form mit ein.

Einsendeschluss
für die Haiku- und Tanka-Auswahl: 15.07.2019
Redaktionsschluss: 25.07.2019

Jahresabonnement Inland (inkl. Porto) 45 €
Jahresabonnement Ausland (inkl. Porto) 55 €
Einzelheftbezug Inland (inkl. Porto) 12 €
Einzelheftbezug Ausland (inkl. Porto) 14,50 €
Auslandsversand nur auf dem Land-/Seeweg.

Der Mitgliedsbeitrag beträgt 45 € im Jahr und beinhaltet die Lieferung der Zeitschrift (Inland inkl. Porto, Ausland + 10 € Porto).
Die finanzielle Unterstützung der DHG quittieren wir mit Spendenbescheinigungen.